带你去逛博物馆

陕西历史博物馆

玉兰童书　著

陕西历史博物馆

河北出版传媒集团
河北少年儿童出版社
·石家庄·

目录

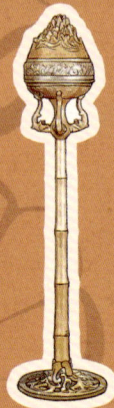

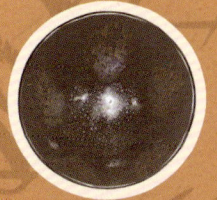

陕西

博物馆

五祀卫鼎

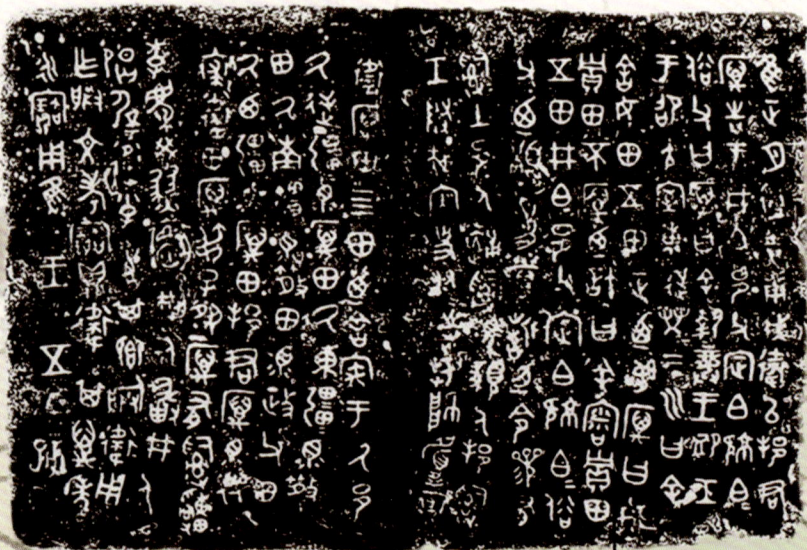

口径 32.7 厘米

高 37.2 厘米

五祀卫鼎，这名字从何而来？

商周时期，年被称为"祀"，因此，"王五祀"表明这件青铜器制作于西周共王五年。"卫"是这尊鼎的主人的名字，其主人是西周贵族商人裘卫。

"鼎"不可貌相

和其他的青铜器相比，这尊五祀卫鼎看起来是不是有些普通？它既没有华丽的纹饰，也没有精美的造型，可是它为什么能在一众文物中脱颖而出？因为它内壁有 19 行共 207 个字的铭文。这 207 个字记录了一件土地纠纷事件，记载的内容可以说是研究西周法律、土地制度、社会经济等方面极其珍贵的资料，所以这尊看似普通的鼎才会有这么高的价值。

西周青铜器文字变多

　　商、周（包括西周、春秋）是中国青铜器的鼎盛时期，和商代的青铜器比起来，西周时期青铜器的铭文文字量增加了，商代青铜器上的铭文最多几十个字，但是到了西周时期，就有了几百字的长篇铭文，比如这尊五祀卫鼎就有 207 个字，还有一尊毛公鼎上的铭文有近五百字。

毛公鼎

说好交换的，你怎么还毁约了呢？

"中国土地纠纷第一案"

　　五祀卫鼎上的铭文记录了三千多年前西周时期，一场土地纠纷的具体过程，史称"中国土地纠纷第一案"。产生纠纷的是裘卫和邦君厉两人。裘卫和邦君厉说好要交换土地，可是后来邦君厉又不换了，裘卫只好找众多大臣去申诉这件事。执政大臣经过调查，做出了最终的判决，要求邦君厉遵守契约精神，这场纠纷才得以了结。裘卫随铸鼎将整个事件的过程用铭文记录了下来。

常在鼎上记录自己的事

　　裘卫在鼎上记录自己的事可不止这一件，他很爱将自己人生中的大事浇铸在这些青铜器上。不过我们应该感谢他，正因为他很爱记录，我们才能通过他的这些文字更好地研究西周时期的政治、经济和文化。

把我家的事统统记录在鼎上！

4

"裘卫四器"

"裘卫四器"指的就是裘卫所制作的四件青铜器，包括一簋（guǐ）、一盉（hé）、两鼎，即裘卫簋、裘卫盉、五祀卫鼎、九年卫鼎。这四件青铜器的共同点就是上面的铭文都讲述了发生在裘卫自己身上的故事，可见裘卫是个表达欲很强的人。

裘卫簋

裘卫盉

五祀卫鼎

九年卫鼎

裘卫何许人？

其实"裘"并不是他的本姓，这个"裘"来自他的官名"司裘"，司裘的职责是供给王室皮裘及其他有关用皮。所以，裘卫其实是西周时期一名掌管裘皮生产的小贵族。裘卫官小野心却不小，他利用自己所掌握的资源，通过与大贵族买卖土地，积累财富，一步步成为当时上层社会中的贵族。

这些土地能值不少钱？

错金杜虎符

【出土信息】 1973 年出土于陕西省西安市南郊北沈家桥村。
【国宝简介】 此虎符是战国晚期秦国兵符，材质为铜，高 4.4 厘米，
长 9.5 厘米，厚 0.7 厘米，重 0.08 千克。

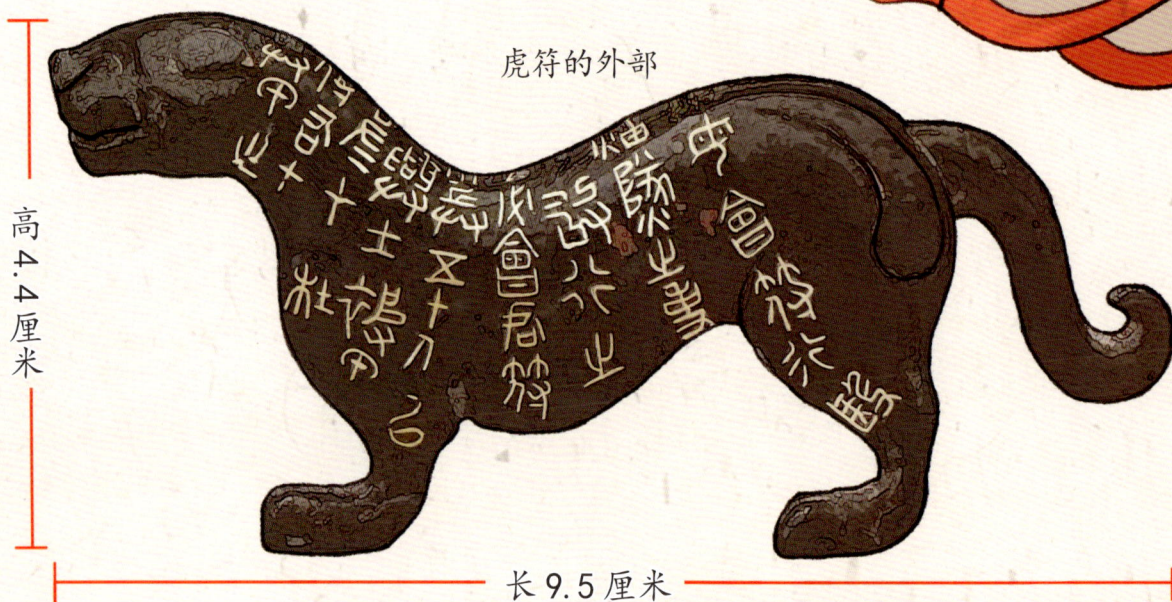

高 4.4 厘米

虎符的外部

长 9.5 厘米

虎符的内部

生动的杜虎符

虎符的全符由左右两半合成，发现的虎符是兵符中的左半符。虎符的正面突起为浮雕工艺，而背面则有槽。仔细观察这枚虎符，你一定会被惊艳到，因为它的造型非常生动，虎状，昂首，尾巴蜷曲，一副正在行走的样子。这枚虎符是战国时期，秦国的秦惠文君授予杜地军事长官的，因此被称为"杜虎符"。

调兵遣将之用

　　象征着兵权的兵符以虎之形态铸造，称"虎符"。虎符是古代帝王授予臣属兵权和调兵遣将的信物。虎符一半由君主持有，另一半由军队统帅持有，作为下达和执行军事命令时的凭证。从战国时期开始出现虎符，到了秦汉魏晋，虎符的使用非常普遍，不过到唐代以后又慢慢减少了。

为何如此小巧？

　　因为虎符用于军事行动，需要保持谨慎严密，所以大部分做得比较小巧，以便于隐藏。目前出土的虎符，长度大多不到 10 厘米。

7

杜虎符上的文字

这枚虎符上的铭文有 40 个字，这些文字简要地介绍了虎符的用途和使用方法，意思是：虎符的右半符掌握在国君手中，左半符在杜地军事长官手中，调动 50 人以上的带甲兵士，杜地的左符就要与君王的右符相合，才能行动。但是碰到如烽火报警的紧急情况，左符即可，不必见到君王的右符。

杜虎符释文：

兵甲之符，右在君，左在杜。凡兴士被甲，用兵五十人以上，必会君符，乃敢行之。燔燧之事，虽毋会符，行也。

为何做成老虎的形状

提到老虎，你会想到什么，是不是威风凛凛的森林之王？把调兵遣将的兵符做成老虎的形状，象征军威和行军神速。

榫卯结构

杜虎符的左右半符上有榫卯结构，如果无误的话，两半虎符能够丝毫不差地合在一起，现代汉语的"符合"一词即源于此。榫卯是极为精巧的发明，是一种很巧妙的构件连接方式。就拿木头来举例，凸出来的部分称为"榫"，凹进去的部分称为"卯"，一榫一卯，如关节一般牢牢结合在一起，达到"天衣无缝"。

榫

卯

古代兵符

古代的兵符除了虎符，其实还有别的形状。比如隋代有麒麟形状的兵符，在唐代有过鱼符、兔符和龟符，宋末元初时有被简化为一块带老虎图纹的铜牌等。

太轻了，
不值钱。

收废品

当废铜也没卖掉的国宝

　　杜虎符是陕西省西安市郊区的一位村民在平整土地时无意中挖出来的。有一天，他想把这件国宝当废铜卖了，可是收废品的人却嫌这东西太轻，这位村民只好把它又带回了家。后来，这位村民把虎符带到了陕西历史博物馆，才确定这是一枚战国时期的虎符，而且是一件非常有价值的稀世珍宝。

皇后玉玺

【出土信息】 1968 年出土于陕西省咸阳市韩家湾狼家沟。
【国宝简介】 此玉玺用新疆和田的羊脂玉制作，边长 2.8 厘米，高 2 厘米，
重 0.033 千克，玺面篆书"皇后之玺"四字。

螭虎印纽

印纽其实就是印章顶部的装饰，它起到造型美化的作用。这件西汉时期的皇后玉玺的印纽为一个匍匐的螭虎。这只螭虎四肢有力、体态矫健、双目圆睁、张口露齿，充分展现了神兽的凶猛之气。

小巧又罕见的玉印

玺，其实就是印章。这枚玉玺，高 2 厘米，边长 2.8 厘米，看起来非常小巧。整个玉玺看起来温润剔透、纯净无瑕，非常罕见。

高 2 厘米

边长 2.8 厘米

皇后之玺

玉印的玺面，阴刻着篆书的"皇后之玺"四个字，字形端正大方，有一种独特的美。"皇后之玺"是我国最早发现的皇后印玺，足以见其珍贵程度。这件"皇后之玺"出土地点距汉高祖和皇后吕雉合葬墓东侧一千米处，由此推测它很可能是吕后生前所用的印章。

神兽螭虎

　　螭虎是我国古代神话中的一种神兽，传说是龙子之一。"螭"是古代传说中没有角的龙，螭虎是集螭与虎于一身的复合体。螭虎在中国传统文化中代表力量、权势和王者风范，用螭虎做印纽表示君临天下的权威。

故宫的汉白玉螭首

故宫里的"螭首"

　　下雨天，如果你到故宫的太和殿，可以看到"螭首吐水"的景观。太和殿的台基外部，若干排水口被雕刻成一个个螭首向外伸出。一下雨，雨水便通过"螭首"吐出，很是壮观。

为何用玉做玺？

从古至今，在民间玉石一直就被认为是趋吉避邪之物，所以从战国时期开始古人就喜欢用玉石来做玺，以玺为信，更是一种遵守承诺的象征。

玉玺拿来！

身份不同，纽式不同

汉代印章纽式其实很多，有马、羊、乌龟等动物式样的，也有桥、坛、台等仿建筑式样的，不同的纽式代表不同的身份。比如皇帝用螭虎纽，皇太子以及一些大官员则用龟纽，小一点儿的官员用鼻纽。

汉车骑将军龟钮金印
（汉景帝阳陵博物院供图）

在路上发现的国宝

这枚珍贵的皇后之玺是咸阳的一名学生在上学路上发现的，发现后孩子的爸爸就把这块玉玺送到了西安的博物馆，上交给了国家收藏。

鎏金鎏银铜竹节熏炉

【出土信息】 1981 年出土于陕西省兴平市茂陵无名冢丛葬坑。
【国宝简介】 西汉时期的青铜熏炉，高 58 厘米，口径 9 厘米，底径 13.3 厘米，
重 2.57 千克。

两千多年前的熏炉长这样

这件青铜质地的熏炉在地下埋藏了两千多年，出土后表面鎏金的色泽依旧鲜亮，熏炉为博山形，炉体上部浮雕四条金龙，下部雕饰蟠龙纹……这巧夺天工的制作工艺，是不是让人惊叹不已？

四个组成部分

这件鎏金鎏银铜竹节熏炉自下而上由四个部分组成，分别为底座、炉柄、炉身、炉盖。

口径 9 厘米

高 58 厘米

炉盖：透雕着层峦叠嶂的山峰，并用金银加以勾勒，宛如一幅秀丽的山水画。

炉身：炉体上部浮雕四条金龙，龙首回顾，龙身从波涛中腾出，非常富有动感。

炉柄：竹节形的柄分为五节，节上还刻着竹叶，柄的上端有三条蟠龙将熏炉托起。

底座：透雕着两条蟠龙，两条龙昂首张口咬住竹柄。

14

底径 13.3 厘米

龙不多不少，正好九条

炉底两条龙，炉柄三条龙，炉身四条龙，加起来一共九条龙装点其间。"九"作为单数最大的数字，在我国古代象征最高数字。与帝王有关的事很多都用"九"这个数字，因此"九"也是皇权的一种体现。

炉盖上的孔有何用？

炉盖的山峰上有若干个小孔，供香气溢出。这就是汉晋时期最具代表性的熏炉形制——博山炉。

竹竿何袅袅，
鱼尾何簁簁。

卓文君

有着美好寓意的竹子

这件熏炉的炉柄是五节竹节连接起来的。古人非常喜欢竹子，竹子高大挺直，被我们中国人赋予了志存高远、清雅高洁等美好寓意。所以，从古至今，竹子便成了文人墨客笔下赞美的对象，在很多艺术品中也能看到竹子的身影。

熏炉的主人是谁?

　　从炉盖外侧铭文"未央"两字可以推断出,这件熏炉是西汉皇家未央宫的生活用器。不过后来,汉武帝将这件熏炉赏赐给了他的姐姐阳信公主,所以,这件熏炉的主人应该就是阳信公主。

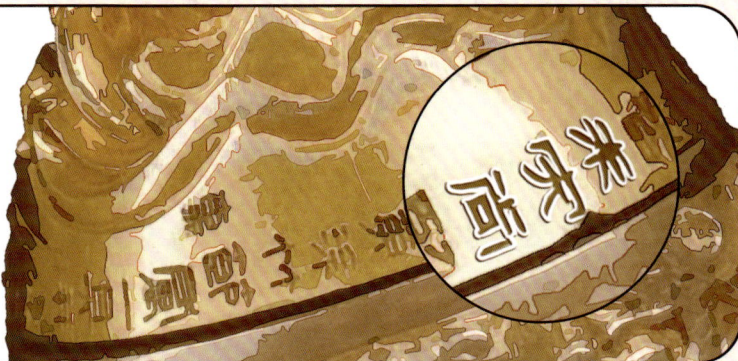

熏香风气的流行

　　熏炉做什么用的？原来是熏香用的。战国时期，熏香风气已开始流行，人们在室内放置各种熏炉，一方面是为了净化环境；另一方面，袅袅香烟从熏炉里飘出来，给人一种云雾缥缈的感觉，似乎进入了仙境中。西汉时期，丝绸之路为中国带来了海外更多品种的香料，宫廷里开始用多种香料来调配香方。自此，香文化在中国得到了进一步发展。

西汉彩绘陶熏炉　　　　　　西汉错金铜博山炉　　　　　　战国凤鸟衔环铜熏炉

贵族的专利

　　熏香独具风韵，极致风雅。当然，在古代，熏香主要是贵族使用的物品。像这样精致的铜熏炉也不是一般贵族所能拥有的，应属于当时高等贵族所用之物。

鸳鸯莲瓣纹金碗

【出土信息】 1970 年出土于陕西省西安市南郊何家村窖藏。

【国宝简介】 鸳鸯莲瓣纹金碗共出土两件。

一件高 5.5 厘米，口径 13.7 厘米，足径 6.8 厘米，重 0.392 千克；

一件高 5.6 厘米，口径 13.5 厘米，足径 6.8 厘米，重 0.391 千克。

口径 13.7 厘米　　口径 13.5 厘米

高 5.5 厘米　　高 5.6 厘米

足径 6.8 厘米　　足径 6.8 厘米

仅有的两件唐代金碗

鸳鸯莲瓣纹金碗是唐代金器，唐代出土的碗不少，可是金碗仅有这两件。

九两半　九两三

两只碗重量只差一克

这两只碗的内壁上都有文字，分别写着"九两半""九两三"，应该是对碗的重量的标注。但两只碗重量差异没这么大，实际称重只相差一克。

你能找到这些动物吗？

在碗上面的每一个莲瓣里都有精美的装饰图案，而且上下层装饰图案的主题不一样。上层主题是鸳鸯、野鸭、鹦鹉、狐狸等动物纹，下层则是单一的忍冬花装饰图案。如果有机会去陕西历史博物馆，小朋友们可以找一找碗上那些鸳鸯、野鸭、鹦鹉、狐狸的纹路。

这两只碗几乎一样重啊。

仅一克之差！

鸳鸯有何寓意？

在这两只金碗外的底部都有一只回首展翅的鸳鸯。鸳鸯雌雄常在一起，所以又称其为"匹鸟"。在唐代，鸳鸯纹饰被人们用在生活的各个方面，特别是新婚夫妇结婚时都喜欢在衣服和被褥上绣鸳鸯。自古以来，在我们中国人心里，鸳鸯有着夫妻白头偕老、永结同心的寓意。

用碗大口喝酒

我们经常在影视剧中看到古人端起碗大口喝酒的样子。确实，在唐代，金碗可以作为杯子使用，也可以作为碗使用。

大唐盛世的缩影

　　看到这两只金碗，我们一定会叹服碗上那些精美的纹饰。碗壁上向外凸鼓的莲花瓣纹，一共是上下两层，每层十片。莲瓣上空白处装饰飞禽和云纹。这些纹饰繁纷瑰丽，可以说是大唐盛世的一个缩影。

唐代的碗胖胖的

　　唐代的碗非常圆润，看起来肥硕丰满，而且碗的尺寸也比其他时期的大。比如唐素面折腹大银碗，在满足使用需求与追求视觉欣赏方面进行了完美融合，体现了唐代的雍容大气。

唐素面折腹大银碗

青瓷提梁倒灌壶

【出土信息】 1968年出土于陕西省彬县。

【国宝简介】 来自五代时期出类拔萃的青瓷提梁倒灌壶，球形壶，壶高
18.3厘米，腹径14.3厘米。

高18.3厘米

腹径14.3厘米

"三王壶"

这把壶又被称为"三王壶"，为什么呢？因为壶身上有凤凰、狮子和牡丹，分别为百鸟之王、百兽之王和百花之王，因此这把壶也被称作"三王壶"。

找找"三王"在哪里？

仔细观看这把青瓷提梁倒灌壶，凤凰、狮子和牡丹这"三王"都在哪里？原来，从壶的外形看，提梁是一只伏卧的凤凰；壶嘴为一只张大口的母狮，它的肚子底下还有只狮宝宝正在喝奶呢；壶身腹部则雕刻了四朵盛开的缠枝牡丹花。

原来它来自耀州窑

这件青瓷提梁倒灌壶是耀州窑瓷器中的珍品。所谓窑就是烧制瓷器的窑口。耀州窑的窑址现在陕西省铜川市，宋代时属于耀州，故名"耀州窑"。耀州窑的青釉瓷做得特别好，而且瓷器上的纹饰很多，各种纹饰满布器内外。

宋耀州窑
青釉莲瓣缠枝花瓷壶

宋耀州窑青釉划花瓷碗

宋代名窑

耀州窑是我国"宋代六大窑系"中的一个窑系。北宋时我国制瓷业非常发达，全国各地出现了很多烧制瓷器的窑场，其中最有名的是宋代六大窑系，分别是定窑、钧窑、磁州窑、耀州窑、龙泉窑和景德镇窑。

打不开盖的"魔壶"

　　这把壶被很多人称之为"魔壶"。为什么呢？这把壶虽然有盖，但壶盖与壶身是一体的，根本无法打开。那怎么灌进去水呢？原来在壶的底座有一个梅花状的孔洞，从这个小口里注水进去。

为什么这个壶的盖子打不开呢？

壶里明明有水，这孔怎么不漏水？

壶底有孔

　　这把壶，底部注水的口没有塞子，但奇怪的是，如果将水从底部孔洞注入壶内，然后再将壶身正过来，水并不会从壶底的孔洞漏出来。而使用时，将壶身倾斜，壶内的水就能从壶嘴正常流出来。为什么会这样？

倒灌壶的原理

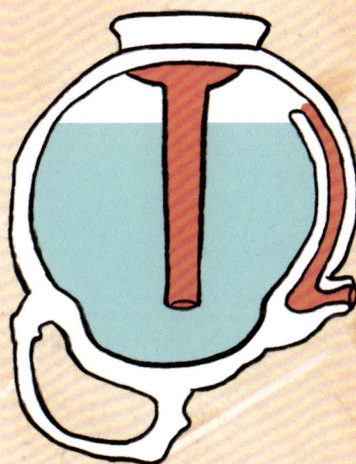

倒流剖面简单示意

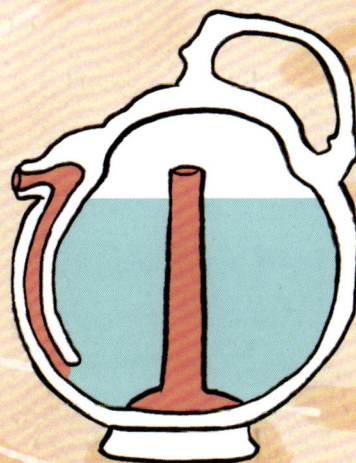

正常盛水状态

当倒灌壶放正时，只要壶里的水不超过壶口和壶内长注管的高度，水就不会从底部的孔洞流出来。

壶里的"高科技"秘密

专家们用现代科技手段，对"魔壶"进行了 X 光"透视"，发现了壶里的秘密。原来壶里面有两根导管，有一个连接壶嘴的出水管和一个连接底部孔洞的注水管，古人应用了物理中的"连通器"原理，只要水面不超过出水管的流口和注水管的高度，水就不会从底孔流出，实现了"底部有洞却不漏"。古人的智慧让我们不得不叹服。

镶金兽首玛瑙杯

【出土信息】 1970 年出土于陕西省西安市南郊何家村窖藏。

【国宝简介】 这是一件用一整块棕、红、白三色相间的缠丝玛瑙琢制
而成的玛瑙杯，来自唐代。高 6.5 厘米，长 15.6 厘米，
口径 5.6 厘米。

牛面羊角

镶金兽首玛瑙杯的前部是一只动物，圆瞪着
大眼，目视前方，似乎在寻找和窥探着什么。这
只动物面部是不是很像牛？但是头上却是一对弯
曲的羚羊角。现在你知道为什么这件玛瑙杯称为
兽首玛瑙杯，而不是牛首玛瑙杯，或者羊首玛瑙
杯了吧？因为它既有牛的面部也有羊的角。

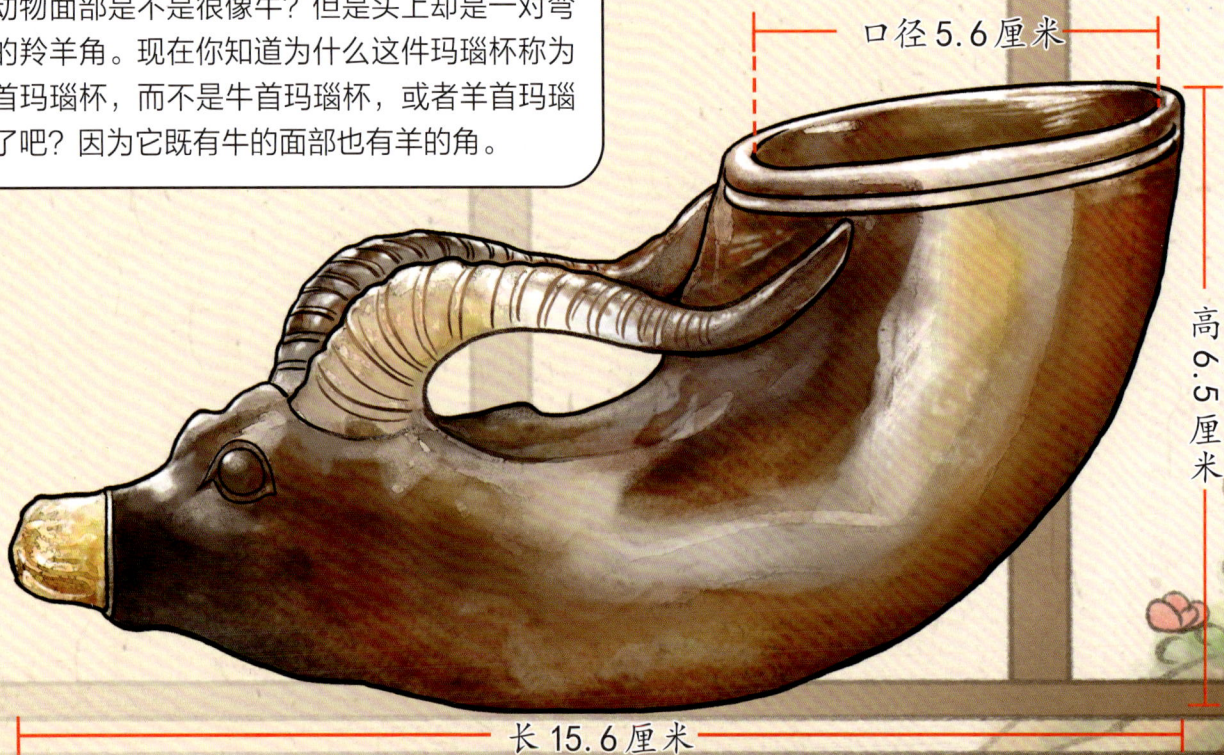

口径 5.6 厘米

高 6.5 厘米

长 15.6 厘米

什么是缠丝玛瑙？

这件玛瑙杯十分罕见，因为它是
用极其稀有的缠丝玛瑙制作而成。缠
丝玛瑙是各种颜色以丝带形式相间缠
绕的一种玛瑙，因相间色带细如游丝，
所以叫作缠丝玛瑙。工匠巧妙地利用
缠丝玛瑙的自然纹理进行雕刻，使得
玛瑙杯的线条看起来十分自然。

带有异域风情的杯子

　　这件玛瑙杯带有明显的异域风格，它的造型是来自西方一种叫"来通"的酒具。"来通"是希腊语的译音，有"流出"的意思。"来通"有的是陶器，有的是金器，造型也是各种各样的，有的是兽首形，有的是兽角形，还有的是兽身形等。

牛式陶来通

靴式陶来通

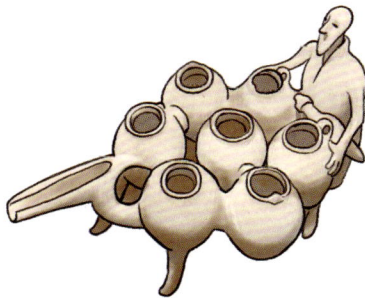

联罐陶来通

金翼狮来通

这杯子作何用？

　　这件镶金兽首玛瑙杯其实是酒具，就是古人喝酒用的，和现在的酒杯比起来，它的造型复杂又精致。

兽嘴原来是酒杯塞子

　　这件玛瑙杯的兽嘴处还镶嵌着金，这金色的兽嘴其实是酒杯的塞子，取下塞子，酒可以从这儿流出。

见证中外文化交融的国宝

    唐代与西域各国的文化交流十分活跃，域外的奇珍异宝通过多种渠道进入长安城，这件镶金兽首玛瑙杯的原材料缠丝玛瑙产于西域，它的造型又是常见于中西亚的器型。它是唐代对外交流的一个很好的见证。

唐代唯一一件俏色玉雕

　　镶金兽首玛瑙杯是至今所见唐代唯一的一件俏色玉雕。什么是俏色玉雕？俏色玉雕是依照玉石原料中本身颜色和纹理的不同，来设计玉雕作品，将这些颜色融入作品中，就比如这件兽首玛瑙杯，就利用了玉石的纹理和像蚕丝般细的红白相间的颜色雕刻而成。又比如右侧这件立鹿饰件，鹿、柞树叶、灵芝纹都是利用天然的金黄色玉皮雕刻而成。

唐赤金走龙

唐金筐宝钿团花纹金杯

唐伎乐纹八棱金杯

葡萄花鸟纹银香囊

唐双狮水波纹三足单柄金铛

唐金梳背

何家村窖藏

　　说到镶金兽首玛瑙杯，便不得不提到新中国最著名的窖藏——何家村窖藏。何家村窖藏位于陕西省西安市南郊的何家村，本来是一个籍籍无名的小村子，1970年在这个村子发现了一处唐代的无主宝藏，并因此而闻名全国。在这里，考古学家发现了各种金器、银器、宝玉珍饰和贵重药材等文物一千多件，其中就包括了这件镶金兽首玛瑙杯。

鎏金舞马衔杯纹银壶

【出土信息】 1970 年出土于陕西省西安市南郊何家村窖藏。

【国宝简介】 来自唐代的鎏金舞马衔杯纹银壶，壶身呈扁圆形，上有舞马纹。舞马、提梁、壶盖及壶体圈足相接处鎏金。通高 14.8 厘米，口径 2.3 厘米，重 0.549 千克。

口径 2.3 厘米

通高 14.8 厘米

皮囊壶

颇具民族风的酒器

这件鎏金舞马衔杯纹银壶是一件酒器。是不是有着浓郁的异域文化色彩？是的，这件酒器的扁圆形的壶身，模仿了我国北方游牧民族契丹族使用的皮囊壶的形状。

提梁

壶盖

壶盖不会丢

我们来看看这个银壶的盖子，像是一朵美丽的莲瓣。这么精美的盖子如果丢了可不好找到了，聪明的古人用一条 14 厘米长的银链把壶盖和壶身的提梁连了起来，这样就不怕丢失了。

游牧民族的皮囊壶

皮囊壶是游牧民族轻便、实用的储水工具。皮囊壶壶身扁圆，壶口呈竖筒状，很适合在马背上奔波迁徙的游牧民族随身携带。游牧民族逐水草而居，动物皮革是他们最容易获取的，加上皮革也不怕磕碰，也适宜他们长途奔波中使用。

唐代有很多异域风格的器物

考古学家发现了很多唐代有着异域风格的器物，比如在陕西历史博物馆的唐白釉瓷皮囊壶、唐双龙柄白瓷壶等，这一定程度上说明唐代对外交流很频繁。

唐白釉瓷皮囊壶　　　　唐双龙柄白瓷壶

衔着酒杯的骏马

这件银壶的壶身上有一匹骏马，奇怪的是马口中衔有一只酒杯，为什么马会衔着一只酒杯呢？这就要从唐玄宗时期的舞马说起。这匹骏马其实是一匹舞马。唐玄宗为了给自己祝寿，专门训练了一批会跳舞的马，在自己生日那天，这些马不但会跳舞，领头的还会衔酒杯下跪向唐玄宗祝寿。

舞马

训练有素的马不但会随着音乐跳舞，还会衔酒杯下跪。历朝历代帝王中，只有唐玄宗一人曾享受过"舞马祝寿"的待遇。

舞马的悲剧

　　安史之乱爆发后,这些舞马被士兵当作战马,很多都在战场上丧命,即使剩下的舞马也在一次宴会后死去。相传有一次军中举行宴会,放起了音乐,舞马习惯性地跳起了舞,军中士兵没见过此等场景,以为这些舞马是妖孽,就将它们鞭打而死。从此,世间就再也没有了舞马。

马球图

【出土信息】 1971 年出土于陕西省乾县唐章怀太子墓。

【国宝简介】 壁画《马球图》是唐代文物，绘制在唐章怀太子墓墓道西壁上。它真实记录了唐代马球运动的风貌，揭取时被分成五幅，图中有二十多个骑马球手，其中，五个持偃月形球杖的骑者驱马争球的画面尤为精彩。

局部复原图

始于汉代的马球

马球在中国古代称为"击鞠"，发明于汉代，有人认为魏晋时已有马球运动，到了唐宋元时期非常盛行，是当时军队和宫廷贵族特别喜欢的一项运动。

拳头大小的马球

马球可比足球小多了，只有拳头大小。马球是用轻而坚韧的木材制成，中间镂空，外面涂上各种颜色，有些还加上雕饰，又被称为"彩球""七宝球"。

好一场热血沸腾的球赛

二十余名骑马者都穿着窄袖的长袍，戴着黑色的幞头，穿着黑色的靴子。画面中的马奋起双蹄，腾跃追逐，马上的骑者都在奋力地驱马争球，好一番精彩又激烈的运动场面。看着这幅画，我们好像亲眼目睹了一场唐代的马球赛盛况。

经过严格训练的马才能上场

马球其实是一项刺激、危险的运动，所以参加马球比赛的马匹必须要经过严格的挑选，要挑选那些身体矫健、通人性和听话的马。如果马在赛场上不听话，随意奔跑，一是不可能赢得比赛，二是对骑手来说也非常危险。听话的马可以帮助骑手在比赛中更有目标地接近球，把球打进球门。

唐代皇帝大多是马球爱好者

唐代有二十一位皇帝，其中十多位都是马球爱好者，皇宫内设有专门的马球场。

用打马球的方式训练士兵

骑在马上打球，还可以训练士兵骑马作战的能力。而且马球这项运动需要大家配合好才能赢得比赛，这又培养了士兵的团结合作精神。所以在唐代，军队训练的方式之一就是让士兵打马球。

唐玄宗上场和吐蕃比赛

马球在唐代十分兴盛，马球甚至成了一种外交活动。当时唐代人不但自己打马球，还和新罗、日本等国的人进行马球比赛。据记载，唐玄宗二十四岁时参加的一场与吐蕃的马球赛，表现突出，为唐王朝第一次外交球赛赢得了胜利。

打马球，我是认真的。

女子"驴球队"

唐代的男子爱打马球，女子也跃跃欲试，但马球这项运动相当激烈，也很危险，于是唐代的女子便想着骑驴好了，毕竟驴的体型比马小一点儿，移动速度也比较慢，骑驴打球比骑马打球温和多了。于是，唐代出现了女子"驴鞠"。

黑釉 "油滴" 碗

【出土信息】 出土于陕西省渭南市, 具体出土时间不详。
【国宝简介】 宋代瓷碗, 高 8.5 厘米, 口径 30 厘米, 底径 10.6 厘米。
敞口, 腹由口至底渐收, 圈足。黑釉。

口径30厘米

茶具

左图虽然称为碗, 但实际上它是宋代的茶具, 是喝茶用的。

为何称为 "油滴" 碗?

这只黑碗的釉面上布满了大小不一的小圆点, 这些圆点就像浮在水面上的油滴一样, 被称为 "油滴釉", "油滴" 碗因此得名。

神奇的 "光"

这只 "油滴" 碗很奇特, 盛茶和盛水闪现的光泽可不一样。如果盛上茶水, 水面则闪着金光; 如果盛上清水, 碗里的水则闪着银光。古人盛赞它 "盛茶闪金光, 盛水闪银光, 映日透视, 晶莹夺目"。

哇, 闪着金光!

咦, 怎么换了水就闪着银光了呢?

茶碗为何要黑色?

　　宋代人喝茶和我们现在不一样,那时候,人们会将茶叶制成发酵的茶饼,喝茶前会把茶叶碾成粉末,再放入茶具中,然后用煮开的水去冲泡,宋代人称为"点茶"。开水冲泡时,碗里会有一层白色的浮沫,用黑色的茶具则可以让人很清楚地看清浮沫以及茶汤的颜色,从而判断茶的好坏。所以,在北宋宫廷中,多为黑釉茶具。

宋代"点茶"步骤

宋代"点茶"比起我们现在品茶的步骤可就复杂多了，宋代点茶法分八个步骤，简单来说是碎茶、碾茶、箩茶（将茶叶用筛子筛选的过程）、茶末置盒、撮末于盏、点茶（注汤入盏）、搅拌茶末、置茶托。

1. 碎茶

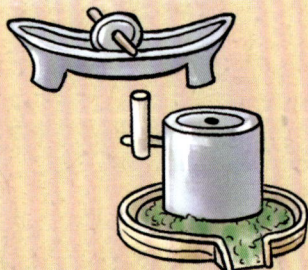

2. 碾茶

3. 箩茶

4. 茶末置盒

5. 撮末于盏

6. 点茶（注汤入盏）

7. 搅拌茶末

8. 置茶托

"长嘴巴"执壶

执壶有着长长的壶嘴，壶嘴的出水口圆而小，这样设计的目的是为了让水对茶末更有冲击力，往茶碗里注汤时也可以更准确地让水落在茶碗里。

北宋越窑青瓷执壶

宋人四雅

在宋代，人们喜欢追求雅致的生活，他们爱焚香、点茶、插花、挂画，而这四项活动被称为宋人四雅。

黑色的建盏

说到茶具，我们经常会听到"建盏"这个词，在宋代，建盏是皇室御用茶具，因产自建窑，故称为建盏。建窑所在地的瓷土，釉料含铁量较高，烧制出的瓷器呈现出灰黑、黑褐色等。

寻"国宝"之旅开启！

小朋友，我们的寻"国宝"之旅开始啦！如果在陕西历史博物馆里你找到了下面的国宝，就在国宝旁边的方块里打上"√"，最后，一起看看你找到了几件国宝吧！

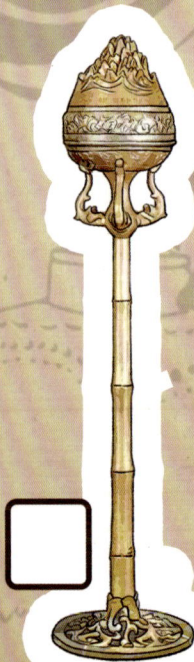

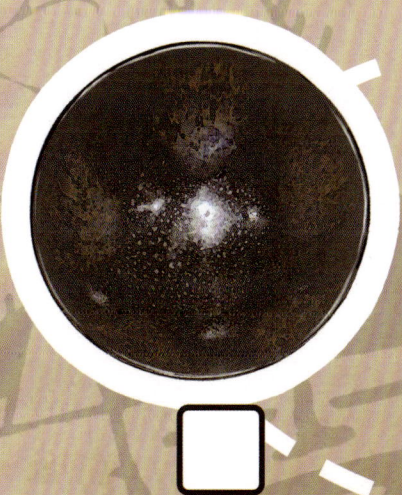

我们的寻宝
之旅成功啦！

图书在版编目（CIP）数据

陕西历史博物馆 / 玉兰童书著. -- 石家庄 : 河北
少年儿童出版社, 2025.1. -- (带你去逛博物馆).
ISBN 978-7-5595-6615-7

Ⅰ. G269.274.1-49

中国国家版本馆CIP数据核字第2024UC6672号

带你去逛博物馆

陕西历史博物馆

SHANXI LISHI BOWUGUAN

玉兰童书 著

出 版 人	段建军	美 术 编 辑	穆 杰 温若迪
选题策划	李 爽 赵玲玲	特 约 编 辑	王瑞芳
责任编辑	李卫国 陈伟康	装 帧 设 计	赵 晨

出版发行	河北少年儿童出版社	
地 址	石家庄市桥西区普惠路 6 号 邮政编码 050020	
经 销	新华书店	
印 刷	鸿博睿特（天津）印刷科技有限公司	
开 本	1 000 mm×1 200 mm 1/16	
印 张	3.25	
版 次	2025 年 1 月第 1 版	
印 次	2025 年 1 月第 1 次印刷	
书 号	ISBN 978-7-5595-6615-7	
定 价	49.80 元	